Carsten Goersch

DAVID

Wenn Menschen uns fordern

IMPRESSUM

Die Deutsche Nationalbibliothek verzeichnet diese Publikation in der Deutschen Nationalbibliografie; detaillierte bibliografische Daten sind im Internet über dnb.dnb.de abrufbar.

© 2024 Carsten Goersch

Kontakt: settetemi@gmail.com

„Verlag: BoD • Books on Demand GmbH, In de Tarpen 42, 22848 Norderstedt"

„Druck: Libri Plureos GmbH, Friedensallee 273, 22763 Hamburg"

ISBN: 978-3-7597-7738-6

Alle Zitate der Bibel wurden der unrevidierten Elberfelder Übersetzung aus dem Jahre 1905 entnommen.

Coverbild: "Blick auf die Altstadt von Jerusalem", John Fullylove (1845-1908)

Gewidmet

all denen,

die mit Menschen

"geplagt" werden.

(Ps. 73:5)

INHALT

Vorwort

Der Herr hat sich einen Mann gesucht nach seinem Herzen,
und der Herr hat ihn zum Fürsten über sein Volk bestellt.

1.Sam 13:14

Der gleichermaßen legendäre wie auch geschichtliche König David lebte von 1040 bis 970 v. Chr. Er regierte vierzig Jahre über Israel. Dabei legte David die Grundlagen für das Friedensreich, das sein Sohn Salomo nach ihm aufrichten würde.

In den Schriften der Bibel gilt David als Begründer derjenigen Königslinie, aus der der Messias hervorgehen sollte. Der König Israels lebte also nicht nur sein eigenes Leben, sondern er lebte auch eine Parabel auf den Erlöserkönig, Jesus Christus.

Mehr als andere Figuren des Alten Testaments wird David als Zentrum eines "Sonnensystems" gesehen, in welchem „menschliche Trabanten" um ihn lebend kreisten. Einige von ihnen still und leise, andere laut und polternd.

Es scheint, als ob Menschen den König Israels mehr prägten, als man für gewöhnlich meinen würde. Dies gilt für seine sechs Frauen, seine vielen Nebenfrauen, seine Kinder aber auch für seine Generäle und Ratgeber.

David wurde von seinem sozialen Umfeld (heraus-) gefordert. Die vorliegenden sieben Lebensbilder seiner Zeitgenossen sind willkürlich gewählt worden. Sie zeigen einige Lektionen, die der legendäre König der Antike lernen musste.

Noch heute reden diese Menschen zu uns. Sie sprechen von Angst, Anhänglichkeit, Feindesliebe, Güte, Lust, Tyrannei, Vergebung und vielem mehr. Sie forderten den König damals und sie fordern uns heute, wenn wir uns mit ihnen beschäftigen.

„Alle diese Dinge aber widerfuhren jenen als Vorbilder und sind geschrieben worden zu unserer Ermahnung, auf welche das Ende der Zeitalter gekommen ist" (1.Kor 10:11). Wir wünschen dem Leser eine gesegnete Lektüre!

Goliath

Wenn das Böse uns bedroht

1. Sam. 17

Als „Angsthasen" bezeichnet man Menschen, die recht schnell in Furcht zu versetzen sind. Für diese Zeitgenossen wird Angst dann auch schnell ein Lebensgefühl. Sie starren wie das Kaninchen in das Angesicht der Schlange. Solange, bis sie von der Angst, die sie plagt, aufgefressen werden. Aber was würde wohl passieren, wenn das Kaninchen zum Gegenangriff übergehen würde? Ließe sich die Schlange in die Flucht schlagen?

Die Überwindung der Angst ist aktuell *das* große Thema. Christen wie Nicht–Christen sind gleichermaßen von ihr betroffen. Wir leben gemeinsam in einer Welt, die immer bedrohlicher wird. Auch wird systematisch Angst in den Medien geschürt. Schließlich lässt es sich gut regieren, wenn Bürger vor Befürchtungen vergehen. Allerdings sind Christen, im Gegensatz zu , mit ihrer Furcht nicht allein. Im Glauben an Gott dürfen sie Mut fassen und der Angst die Stirn bieten.

Die Geschichte von David und Goliath lesen wir gerne unseren Kindern vor. Aber in Wirklichkeit ist es eine für uns. In ihr wird uns dargelegt, wie wir die Angst überwinden können. Die Schilderungen in 1. Sam. 17 sind nicht nur eine Parabel darauf, was Christus für uns tat, als er Tod und Teufel am Kreuz besiegte. Nein, sie schildern auch die Dynamiken unseres täglichen Kampfes gegen bedrohliche Umstände und aufkommende Ängste.

Wenn das Böse uns droht, dann rutscht das Herz uns in die Hose. Doch sollte es nicht bei dieser ersten Reaktion bleiben. Wir dürfen und sollen dann auch im Glauben Mut fassen. Nur so können wir dem Widersacher mutig die Stirn bieten. Denn Ängste werden nicht dadurch bekämpft, dass wir vor ihnen zurückweichen. Vielmehr weichen sie vor uns zurück, wenn wir ihnen mutig die Stirn bieten. An Goliath dürfen wir lernen, wie wir uns verhalten sollen, wenn das Böse uns bedroht.

Wenn das Böse uns droht,…

… dann rutscht das Herz uns in die Hose

… dann dürfen wir im Glauben Mut fassen

… dann sollten wir ihm mutig die Stirn bieten

…dann rutscht das Herz uns in die Hose

Und Saul und ganz Israel hörten diese Worte des Philisters,
und sie erschraken und fürchteten sich sehr.

1.Sam 17:11

Da stand er nun vor ihnen und jagte ihnen Angst ein. Goliath, der Riese. Er war ca. drei Meter groß und bis an die Zähne bewaffnet. Allein sein Schuppenpanzer wog sechzig Kilogramm. Sein Speer glich einem Baumstamm und allein dessen eiserne Spitze wog ungefähr sieben Kilogramm. Er war ein Söldner des Bösen und der liebte es zu provozieren. Er war ein Großmaul, das sich nicht scheute Gott und Menschen zu höhnen.

Wenn das Böse uns droht, dann rutscht uns das Herz leicht in die Hose. Goliath symbolisiert diejenigen Dinge, die uns Angst machen, die uns in Schach halten, die uns in Schockstarre versetzen. Insbesondere den Teufel, dann aber auch den Tod und dann noch viele andere Ängste und schlechte Gewohnheiten, die jeder Einzelne für sich definieren mag. Sie spotten unserem Glauben Hohn. Sie lassen es nicht zu, dass wir Fortschritte machen, Siege erringen und von der Stelle kommen.

Menschen erschrecken leicht vor Worten, die sie hören. Zum Beispiel das Wort vom Krieg, der Seuche und der Teuerung. Aber auch die täglichen Nachrichten verstören uns. Genauso gut wie Schlangen, Spinnen und Ratten. Vor manchen Tieren haben wir einen regelrechten Horror. Oder aber auch die Angst, vor vielen Menschen zu sprechen, mit anderen im Fahrstuhl zu fahren oder einfach nur zum Zahnarzt zu gehen. Das Spektrum der Ängste ist groß und bunt.

Christen haben so ihre ganz speziellen Ängste. Zum Beispiel die, irgendetwas zu verpassen, was Nichtchristen gerade genießen. Die geistlicheren unter ihnen fürchten nichts mehr, als dass der Gott, der sie in Gnaden angenommen hat, sie auch genauso gut wieder verstoßen könnte, wenn sie nicht genug leisten. Einmal abgesehen von dem ganz normalen "Futterneid" auf das, was andere besser können.

Die Ängste halten uns in Schach. Man vermutet, dass jeder zweite Mensch in dem Wartezimmer einer Arztpraxis von einer Angststörung betroffen ist. Gerade wir Deutschen haben da ein echtes Problem. "German Angst" nennen die Amerikaner das Phänomen, das sie spöttisch jenseits des Atlantiks beobachten. Angst vor Blei im Essen, Angst vor

Chemie an Kinderspielzeugen und die Paranoia, ständig vom Staat betrogen zu werden.

Einer ihrer Volkshelden hatte der Angst zu Zeiten des Sezessionskrieges einmal eine eiskalte Abfuhr erteilt. Thomas Jonathan Jackson lebte von 1824 – 1863 Man nannte den Major der Nordstaaten wegen seiner geschickten Abwehrmanöver nur "Stonewall Jackson". Von ihm stammt die legendäre Regel, die heute in jedem Coaching - Seminar repetiert wird: "Never take counsil of your fear". Das bedeutet im Deutschen so viel wie: "Angst ist kein guter Ratgeber".

Aber was soll man machen, "wenn die Angst, die Seele auffrisst"? Da wiederum weiß ein Deutscher guten Rat: "Mit unsrer Macht ist nichts getan, / es streit für uns der rechte Mann, / den Gott selbst hat erkoren". (aus "Ein feste Burg ist unser Gott", Martin Luther). Wo unser ganz persönlicher Goliath droht, da gibt es immer auch einen ganz persönlicher David, der für uns das Problem erledigt. Und der heißt Jesus und ist Gottes Sohn.

...dann dürfen wir im Glauben Mut fassen

Es entfalle keinem Menschen das Herz seinetwegen! Dein
Knecht will gehen und mit diesem Philister kämpfen.

1.Sam 17:32

Der Auftritt Davids war kühn. Der Hirtenjunge strotzte geradezu vor Mut, während den Soldaten Sauls die Knie schlotterten. Denen machte er, durch das, was er sagte, Mut. Aber nicht nur das, er war sogar bereit, ihnen mit gutem Beispiel voranzugehen. Er selbst wollte sich des Lästermauls der Philister annehmen. Wie so oft im Leben, machte *ein* Mann den Unterschied. Er wendete das Blatt, indem er mutig auftrat.

Wenn das Herz uns in die Hose rutscht, dann macht Jesus uns Mut. Er ist der Mann, der den Unterschied macht. Durch das, was er uns sagt, flößt er uns Mut ein. Durch das, was er für uns tut, werden wir gelassen. Es ist gut, wenn wir ihn für uns streiten lassen. Fürchtest du eine Sache, die dir Angst machen will? Dann schicke den Herrn zum Rendezvous mit derselben. Er wird sich des Problems annehmen.

Das Herz fiel den Israeliten in die Hose, als sie am Schilfmeer standen. Gerade hatten sie sich dem Zugriff des

Pharao entzogen, da erschien Ihnen die haushoch überlegene Streitmacht der Ägypter am Horizont. Doch was sagte Mose, der Mann Gottes, ihnen zur Beruhigung? "Der Herr wird für euch streiten, und ihr werdet stille sein" (2.Mo 14:14). Und so kam es, dass sie Mut fassten und dem Herrn bei der Arbeit zusehen durften.

Als wir Kinder waren, da gab es ein geflügeltes Wort: "Lass mich in Ruhe, sonst hol ich meinen großen Bruder". Diesen Satz zückten wir besonders gerne dann, wenn unsere Peiniger einen Kopf größer, oder zwei Klassen über uns waren. Das taten wir auch dann, wenn wir gar keinen größeren Bruder hatten. Manchmal musste dann sogar der eigene Vater zu unserer Verteidigung herhalten. Unsere Gegner zogen damals oft, schwer beeindruckt, ab.

Dem Apostel Paulus war angst und bange, als er durch das Hafenviertel Korinths ging. Suff und Sünde herrschten in Kenchräa. Aber was sagt ihm der Herr in einem Nachtgesicht: "Fürchte dich nicht, sondern rede und schweige nicht! Denn ich bin mit dir, und niemand soll dich angreifen, dir Übles zu tun; denn ich habe ein großes Volk in dieser Stadt" (Apg 18:10). Und so entstand die Gemeinde in Korinth und mit ihr zwei von Gott inspirierte Briefe.

Wenn es ein elftes Gebot gäbe, so lautete es: "du sollst dich nicht fürchten!" Ich weiß nicht, wie oft es der Herr in den Evangelien ausspricht. Aber einmal schreibt er es der neu entstehenden Gemeinde ins Stammbuch: "Fürchte dich nicht, du kleine Herde, denn es hat eurem Vater wohlgefallen, euch das Reich zu geben" (Lk 12:32). Das Skript in den Köpfen der Kinder Gottes lautet seitdem: Furchtlosigkeit.

Wahr ist, dass alle unsere Ängste berechtigt sind. Wahr ist aber auch, dass Jesus größer ist als jede von ihnen. Wenn sie in deinem Geist aufsteigen wollen, dann fange an zu beten. Schicke Jesus zu dem "Tanz mit dem Tod". Schicke ihn in die Schlacht der drohenden Krankheit. Schicke ihn in den Krieg, die Teuerung und die Seuchen. Aber keinem von uns braucht wegen einer unserer Ängste das Herz zu entfallen. Denn das elfte Gebot lautet: "Fürchte dich nicht!"

...dann sollten wir ihm mutig die Stirn bieten

"Da eilte David und lief der Schlachtreihe zu, dem Philister entgegen."

1.Sam 17:48

Als Goliath sich David näherte, da lief David ihm entgegen. Die Reaktion des Hirtenjungen auf den Berufssoldaten war überraschend. Wir hätten erwartet, dass David sich erst einmal zurückgezogen hätte. Vielleicht auch, dass er Goliath in eine Grube oder einen Hinterhalt gelockt hätte. Aber Nichts dergleichen ereignete sich. Der Sohn Isais verfuhr an diesem Tag nach dem Motto: „Angriff ist die beste Verteidigung".

Wenn das Böse uns droht, dann sollten wir ihm mutig entgegentreten. Wir sollten dem Widersacher die Stirn bieten, wenn er uns Angst machen will. Mit dieser Reaktion rechnet er nicht. Denn er will uns zurückdrängen. Er will uns auf ein Häufchen Elend reduzieren. Das dürfen wir nicht zulassen. Wir müssen expandieren, anstatt implodieren. Das ist die Dynamik eines siegreichen Lebens in Christus.

Paul Gerhardt fasst diesen Glaubensmut in schönste Lyrik: „Unverzagt und ohne Grauen / soll ein Christ, / wo er ist, / stets sich lassen schauen. / Wollt ihn auch der Tod aufreiben, / soll der Mut / dennoch gut / und fein stille bleiben" (aus: „Warum sollt ich mich denn grämen", Paul Gerhardt). Dies schrieb der lutherische Pastor zur Zeit des "Dreißigjährigen Krieges", als Krieg und Pest den europäischen Kontinent überzogen und viele Menschen starben.

Der Herr selbst war ein Vorbild in Sachen Glaubensmut. Sicherlich fürchtete er das Kreuz. Sicherlich war ihm nicht wohl bei dem Gedanken, entkleidet, verspottet und gequält zu werden. Und dennoch schreibt Lukas über ihn: "Es geschah aber, …, dass er sein Angesicht feststellte, nach Jerusalem zu gehen" (Lk 9:51). Er war entschlossen, in die Höhle des Löwen zu gehen, um dem Widersacher dort die Macht zu nehmen.

Ich bin von Natur aus ein eher schüchterner und ängstlicher Mensch. Noch heute wechsele ich mitunter die Straßenseite, wenn mir eine Gruppe von Menschen entgegenkommt. Aber ich lernte, meine Schüchternheit zu überwinden, als ich begann, Musik zu machen. Wenn du erst einmal vor Hunderten von Menschen gesungen hast, ist es dir anschließend relativ egal, wie Menschen über dich und deine Stimme denken.

Es gibt grundsätzlich drei Arten und Weisen, wie man auf Bedrohung und Angst reagieren kann. Entweder man zieht sich zurück (Regression) oder man geht auf sie zu (Aggression) oder man stellt sich tot. "Wir aber sind nicht von denen, die sich zurückziehen zum Verderben, sondern von denen, die da glauben zur Errettung der Seele" (Heb 10:39). Also bleibt uns wohl nichts anderes übrig als unsere Ängste zu konfrontieren.

"Mach kaputt, was dich kaputtmacht!" Auch wenn ich die alten Spontisprüche nicht besonders mag, so sind sie oft griffig und wahr. Entweder du besiegst deine Angst, oder sie besiegt dich. Entweder du überwindest die Sünde, oder sie überwindet dich. Entweder du nimmst die Spinne in die Hand, oder du wirst für immer die Beine in die Hand nehmen müssen, wenn du eine Spinne siehst. Wenn das Böse uns droht, sollten wir ihm mutig die Stirn bieten

.

Jonathan

Wenn wir nur bedingt nachfolgen

1. Sam. 18-20

„You can`t speak with a tiger, while your head is in his mouth." Dies war die Warnung Winston Churchills (1874 - 1965) an das britische Parlament. So gibt es zumindest der biografische Film „Die dunkelste Stunde" wieder. Die meisten Abgeordneten wollten den Dialog mit Hitler-Deutschland. Aber der frisch gebackene Premierminister wollte den Krieg. Er warnte das Empire vor allzu großer Blauäugigkeit im Umgang mit dem „großen Diktator". Seine Haltung leitete die Wende im 2. Weltkrieg und letztendlich den Sieg der Alliierten ein.

Man darf mit dem Bösen keine Komplizenschaft eingehen, wenn man in der Nachfolge Jesu überleben will. Denn wir können nicht das Gute lieben und dem Bösen dienen. Wir werden uns irgendwann auf der Seite des Widersachers wiederfinden, wenn wir nicht den Annehmlichkeiten dieser Welt konsequent entsagen. Wir werden Opfer unserer eigenen Naivität werden, wenn wir glauben, dass man mit dem reißerischen Wolf des Bösen verhandeln kann, wenn man ihm nur zuvor ein wenig Kreide zu fressen gibt.

Jonathan blieb auf der Strecke. Obwohl er David aufrichtig liebte. Das Problem war, dass er sich nicht von seinem Vater, Saul, lösen konnte oder wollte. Er kam mit ihm in der Schlacht gegen die Philister um. Er hätte alles für David gegeben, als er einen Bund mit ihm machte. Aber er war blauäugig in der Einschätzung seines Vaters. Er glaubte an die Vereinbarkeit der Dinge und blieb am Hof des Tyrannen. Die Kapitel 18 – 20 des 1 Buch Samuels schildern die Dramatik dieser zwiespältigen Liebe. Von Jonathan dürfen wir lernen, was die Gründe für eine nur bedingte Nachfolge sind.

Wenn wir Jesus nur bedingt nachfolgen…

… dann haben wir ihn nur bedingt geliebt
… dann haben wir die Tuchfühlung zu ihm verloren
… dann haben wir das Böse unterschätzt

...dann haben wir nur bedingt geliebt

Und es geschah, als er aufgehört hatte, mit Saul zu reden, da verband sich die Seele Jonathans mit der Seele Davids; und Jonathan liebte ihn wie seine Seele.

1. Sam 18:1

Ohne jeden Zweifel liebte Jonathan David. Spätestens dann, als sein Vater aufgehört hatte, mit dem Helden des Tages zu reden. Er hätte alles für ihn gegeben. Und als Zeichen dafür gab er ihm zumindest seine Königskleidung und seine Waffen. Es ist wohl *die* Männerfreundschaft des Alten Bundes schlechthin. Der Sohn Sauls und der Sohn Isais wurden zu Seelenverwandten, als Goliath besiegt war.

Wenn wir dem Herrn nur bedingt nachfolgen, dann bedeutet das nicht, dass wir ihn nicht lieben würden. Irgendwann gab es in unserem Leben, den Moment, wo wir dem Herrn tatsächlich alles gegeben hätten. Wir waren fasziniert von seinem Mut. Wir waren ergriffen von seiner leidenschaftlichen Liebe. Wir übereigneten ihm unser Leben. Wir legten unseren Stolz ab zu seinen Füßen und wurden Gottes Kinder.

„Ich will dich lieben, meine Stärke, / ich will dich lieben, meine Zier, / ich will dich lieben mit dem Werke und immerwährender Begier; / ich will dich lieben, schönstes Licht, / bis mir das Herze bricht. / Ich will dich lieben, o mein Leben, / als meinen allerbesten Freund; / ich will dich lieben und erheben, / solange mich dein Glanz bescheint; / ich will dich lieben, Gottes Lamm, / als meinen Bräutigam".

Die überaus schönen Worte dieses alten Kirchenliedes stammen von dem Arzt und Theologen Johannes Scheffler (1624 – 1677). Am 12. Juni 1653 trat Scheffler in Breslau von der evangelischen Kirche in die katholische über. Er nannte sich fortan Johannes „Silesius" (der Schlesier) und trieb in scharfen polemischen Schriften die Gegenreformation im heutigen Polen voran. Nach einem guten Anfang im Glauben bog er auf der Überholspur des Mystizismus ab und wurde zum Problem für die Gläubigen.

Die Schrift nun sagt: „Besser das Ende einer Sache als ihr Anfang" (Pred 7:8). So auch im Leben Jonathans. Denn dieser kam mit seinem Vater Saul in der Schlacht gegen die Philister um. Irgendwie hatte er es nicht vermocht, sich von dem *amtierenden* König Israels zu lösen, um mit dem *designierten* König Israels dann auch zu herrschen. Diese Unfähigkeit bezahlte er mit dem Preis seines Lebens.

Es gibt dieses seltsame Phänomen der bedingten Nachfolge. Die Schrift schildert es in den verschiedensten Bildern. Ob es nun Lot war, der eher Abraham nachfolgte als Gott. Oder ob es Demas war, dem Paulus bescheinigen musste, das er "den jetzigen Zeitlauf lieb gewonnen hatte" (2. Tim 4:10). Sie beiden belegen, zusammen mit dem Hebräerbrief, dass ein guter Start nicht immer auch einen guten Lauf bedeutet.

„Sei ganz SEIN, oder lass es ganz sein! Denn ein halber Christ ist ein ganzer Unsinn" pflegte man in den Evangelisationen der Nachkriegszeit zu predigen. Man möchte diesen Satz fast dem tragischen Helden Jonathan ins Buch schreiben. Aber bevor wir das tun, sollten wir vor unserer eigenen Haustür kehren. Denn so sehr wir den Herrn auch lieben, wir werden nicht umhinkommen, uns von Vaterfiguren unseres Lebens zu trennen. Nur so können wir dem HERRN ungeteilt bis zum Ende nachfolgen.

…dann haben wir die Tuchfühlung zu ihm verloren

Und David machte sich auf und ging hinweg; Jonathan aber kam in die Stadt.

1.Sam 20:42

An diesem Tag trennten sich ihre Wege. David ging in die Verwerfung und Jonathan zurück an den Königshof. Die unzertrennlichen Freunde verloren einander aus den Augen. Dies war wohl eher für Jonathan als für David ein Problem. Denn der Bewunderer verlor seinen Helden aus den Augen. Die Zeit der Gemeinsamkeit war kurz für die beiden Männer, die zuvor eine "Freundschaft auf immer" eingegangen waren.

Wenn wir dem Herrn nur bedingt nachfolgen, dann verlieren wir leicht die Tuchfühlung zu ihm. Dies scheint auf den ersten Blick harmlos, ist aber auf den zweiten Blick brandgefährlich. Denn mit der Nähe zu ihm verlieren wir auch alle Tugenden, die aus der Quelle seiner Person entspringen. Wir driften von der Sonne unseres Lebenssystems ab, wie ein Planet, der die Umlaufbahn verlässt – und enden im Nichts.

Denken wir an Petrus. Der schwur dem Herrn die Treue bis in den Tod. Was danach geschah, war ernüchternd für ihn. Im Gegensatz zu Johannes folgte er dem Meister nur noch sehr bedingt und auf Distanz nach. Während der Jüngere mit Jesus ins Verhör ging, wärmte sich der Ältere am Kohlenfeuer die Hände. Noch ehe der Hahn dann zum ersten Mal krähte, hatte der zurückgebliebene "Kraftprotz" den Herrn bereits dreimal verleugnet.

Denken wir auch an Sulamit im Hohelied. Die lag in ihrem Bett und wollte schlafen, als Salomo sie zu nächtlichen Abenteuern entführen wollte. Wir lesen davon im Hohelied 5:1-8. Trotzdem der König alles versuchte, war sie nicht gewillt, mit ihm zu gehen. Das wäre ihr in jungen Jahren nicht passiert. Da reichte ein Wort des Geliebten und die beiden wären über Wiesen und Felder gelaufen, um Abenteuer der Liebe miteinander zu erleben.

„Yust a closer walk with Thee" ist ein alter amerikanischer Gospel. Ins Deutsche übersetzt lautet er: „Nur ein engerer Gang mit dir. / Gewähre es, Jesus, ist meine Bitte. / Täglich nahe bei dir wandeln. / Lass es geschehen, lieber Herr, / lass es geschehen. / Ich bin schwach, aber du bist stark, / Jesus, bewahre mich vor allem Unrecht, / ich werde zufrieden sein, / solange ich gehe, / lass mich nahe bei dir gehen."

Wir vergessen schnell, dass unsere Beziehung zu Jesus eine dynamische und nicht eine statische ist. Es steht und fällt alles mit unserer ungeteilten Anhänglichkeit zu ihm. Deshalb dichtete Paul Gerhardt in dem Lied „Auf, Auf mein Herz mit Freuden": „Ich hang und bleib auch hangen / an Christus als ein Glied; / wo mein Haupt durch ist gangen, / da nimmt er mich auch mit."

Die große Kunst in der Nachfolge ist es, nahe bei Jesus zu bleiben. Gelingt uns dieses, gelingt uns alles. Misslingt uns dies, misslingt uns alles. Denn außerhalb (oder: "getrennt von ihm") können wir nichts tun. So jedenfalls lehrt es der Herr selbst in der „Weinstockrede" (Joh. 15:1-8). Diese aber hatte Jonathan noch nicht gehört. Allerdings hätte er bei David bleiben können, auch wenn er dadurch einige Annehmlichkeiten verloren hätte. So aber verlor er letztendlich sein Leben.

...dann haben wir das Böse unterschätzt

Da warf Saul den Speer nach ihm, um ihn zu treffen; und Jonathan erkannte, dass es von Seiten seines Vaters beschlossen sei, David zu töten.

1.Sam 20:33

Der Speer Sauls war ein "Augenöffner" für Jonathan. Als das "Lieblingsspielzeug" seines Vaters sich neben ihm in die Wand bohrte, da erkannte er dessen Bosheit. Von diesem Moment an war Jonathan klar, dass Saul vor Neid auf David brannte. Er würde jeden beseitigen, der Partei für den designierten König Israels ergriff. Denn wenn es um die Macht ging, verstand Saul keinen Spaß. Da konnte er ganz schön böse werden.

Wenn wir Jesus nur noch bedingt nachfolgen, dann hat das mitunter etwas mit unserer Einschätzung des Bösen zu tun. Oder, um es einfach zu sagen, mit Naivität. Es gibt Christen, die sehr lange in Situationen bleiben, die, im Licht der Schrift betrachtet, unvereinbar sind mit den Prinzipien Gottes. Sie sind "Protestanten" im übelsten Sinne des Wortes. Denn sie legen durch ihre Entscheidungen Widerspruch gegen das Wort Gottes ein.

Da sind die vielen gut meinenden Kirchenchristen. Sie bleiben bewusst in der evangelischen Landeskirche. "Sie sehen dort ihren Auftrag", wie sie gerne sagen. Sie überhören dabei das Wort aus Offb. 18, demzufolge die Kinder Gottes die Strukturen der Welteinheitskirche verlassen sollen. Sie fallen aus allen Wolken, wenn ihnen ihr kirchlich gebundener Träger die Karriere schwer macht, nur weil sie sich als Erwachsene taufen lassen.

Da ist die junge Schwester, der gerade ein junger Mann, der den Herrn nicht kennt, den Hof macht. Sie fühlt sich vom Herrn geführt. Sie glaubt, dass der auch ihren Freund bekehren kann. Sie überhört dabei die dringende Warnung aus 2. Kor 6:14, der zufolge die Kinder des Lichts keine Gemeinschaft haben sollen mit denen der Finsternis. Sie bleibt tief verletzt zurück als er sie eines Tages, unter Gebrauch von „K. O. Tropfen", mehrfach vergewaltigt.

Da ist der junge Bruder, der sich ab und zu gerne mal einen Joint raucht. Er braucht das als Mittel der Entspannung, wenn er beruflich unter Stress kommt. Er überhört dabei die Warnung aus 1. Kor. 5:11, der zufolge Christen keine Drogen gebrauchen sollen. Er wundert sich darüber, dass er dann doch mit dem Gesetz in Konflikt kommt, als er mit „Gras" im Handschuhfach von der Polizei belangt wird.

Sie alle sind ein wenig naiv. Diese „Schäfchen" glauben, dass man mit dem Wolf diskutieren kann, wenn dieser nur ein wenig Kreide vorher frisst. Sie schätzen das Böse nicht ganz so böse ein wie Gott es tut. Und das lässt sie böse Erfahrungen machen. Ja, manchmal kostet sie dies sogar ihr Leben. Ähnlich wie Jonathan. Der hatte auch so seine Gründe, bei Saul zu bleiben, obwohl er sich besser von ihm getrennt hätte.

Die Nachfolge ist mitunter eine sehr schwierige Angelegenheit. Wie hatte unser Meister gesagt: "Wenn die Welt euch hasst, so wisset, dass sie mich vor euch gehasst hat. … Ein Knecht ist nicht größer als sein Herr. Wenn sie mich verfolgt haben, werden sie auch euch verfolgen" (Joh 15:20). Wir sollten da nicht zu blauäugig auf eine Welt schauen, von der Gott sagt, dass sie ganz und gar im Bösen liegt (1. Joh 5:19).

Saul

Wenn wir unsre Feinde lieben lernen

1. Sam. 24

Am 17. November 1957 hielt Martin Luther King seine berühmte Rede über die Feindesliebe. Unter anderem rief er den Verfolgern der Farbigen zu: „Unseren Gegnern sagen wir: Tut mit uns, was ihr wollt, wir werden euch trotzdem lieben. Werft uns ins Gefängnis, wir werden euch trotzdem lieben. Werft Bomben in unsre Häuser, bedroht unsre Kinder, wir werden euch trotzdem lieben. Schickt eure Leute um Mitternacht in unsre Wohnungen, dass sie uns schlagen und halb tot liegen lassen, wir werden euch trotzdem lieben."

Wenn Menschen ihre Feinde lieben lernen, dann trennt sich schnell die Spreu vom Weizen. Die einen können dem Hass widerstehen und schonen ihre Feinde, wenn sie in ihrer Hand sind. Die anderen erliegen dem Eindruck, dass man die Gunst der Stunde nicht verstreichen lassen sollte, und rächen sich. Auch Christen begreifen nur sehr langsam, dass sie die Schwächen der Menschen nur deshalb sehen, weil Gott denselben helfen möchte. Sie nehmen die

Feindschaft sehr persönlich und verkennen das "Momentum Gottes".

David stellte eine rühmliche Ausnahme dar. Zumindest in der Zeit vor seinem Sündenfall mit Bathseba. Zweimal hatte er die Gelegenheit, seinen neidischen Verfolger Saul zu töten. Aber er machte von diesen keinen Gebrauch. Vielmehr überführte er den gottlosen König Israels. Er weigerte sich, den „Gesalbten des Herrn" anzutasten. Er überließ seinen Erzfeind Gott selbst. Sowohl bei der ersten Gelegenheit in der Höhle von Engedi (1. Sam. 24), als auch bei der zweiten Gelegenheit in der Wüste Siph (1. Sam. 26).

Aus der Beziehung Davids zu Saul lernen wir was geschieht, wenn Gott uns unsere Feinde lieben lehrt.

Wenn wir unsere Feinde lieben sollen...

... dann lässt Gott uns ihre Schwächen sehen

... dann hat das was mit Gottesfurcht zu tun

... dann heißt das nicht, dass sie sich ändern

…dann lässt Gott uns ihre Schwächen sehen

Und David stand auf und schnitt heimlich einen Zipfel von
dem Oberkleide Sauls ab.

1.Sam 24:4

Saul war David zum Greifen nahe. Er hätte ihn in diesem Moment auch töten können. Aber das wollte er nicht. Er ließ ihm das Leben, nahm ihm aber den Rockzipfel seines Königsmantels. Den bekam er leicht zu fassen. Denn Saul „bedeckte gerade seine Füße". Das heißt im Neudeutschen, dass er gerade seine Notdurft verrichtete. Der König zeigte sich seinem Untertan somit von seiner „schlechtesten Seite". Er fühlte sich unbeobachtet in der Höhle von Engedi.

Hier nun wird diese über dreitausend Jahre alte Geschichte sehr aktuell. Denn bis heute wiederholen sich die Dinge. Gott lässt Menschen vor unseren Augen offenbar werden. Wir erleben sie dann hautnah. Wir sehen sie mitunter von einer sehr unschönen Seite. Wir hätten in diesen Momenten auch die Möglichkeit, sie „über die Klinge springen zu lassen". Aber das wäre nicht die Absicht Gottes.

Meine Kollegin lächelte süffisant, als sie mein Büro betrat. Sie hatte gerade ein Dokument eingesehen, dass ihr

Kollege versehentlich auf dem Desktop seines PCs offengelassen hatte, als er einen Kaffee trinken gegangen war. Darin sprach der eher selbstunsichere Mensch sich selbst Mut zu. Es war seine Art, seine Schwächen in den Griff zu bekommen. Für meine Kollegin aber war es ein gefundenes Fressen. Sie machte sich über ihn lustig.

Von Zeit zu Zeit gibt Gott Menschen in unsere Hände. Sie sind uns dann auf Gedeih und Verderb ausgeliefert. Es ist wichtig, dass wir diesen Moment *richtig* verstehen, denn ansonsten handeln wir *falsch*. Gott liefert uns Menschen aus, damit wir ihnen *helfen*, nicht etwa, damit wir uns an ihnen *rächen*. Er lässt uns ihre schwachen Seiten sehen, um sie an diesen Punkten zu stärken.

Wer einen anderen Menschen überführen will, der muss Beweise haben. Aus diesem Grund schnitt David Saul den Zipfel seiner Königskleidung ab. Wann immer du Menschen weiterhelfen möchtest, dann werden sie dich um Beispiele für ihre Schwächen bitten. Wenn du es nicht konkret machen kannst, werden sie es wohl kaum glauben wollen. Das ist der Grund dafür, weshalb wir in heimlichen Momenten die Schwächen unsrer Gegner sehen.

Es hört sich vielleicht dumm an, aber die Schwächen unserer Feinde machen sie sogar ein wenig liebenswürdig!

Ähnlich wie ihre Stärken möglicherweise dazu geführt haben, dass wir sie irgendwann gehasst haben. Aber wenn wir sehen, dass die, ach so hoch geachtete Respektsperson auch nur ein Mensch von Fleisch und Blut ist und an dasselbe Örtchen geht, wo auch die Könige zu Fuß hingehen, dann wird sie uns fast sympathisch.

Tja, so ist das ein bedeutsamer Moment, wenn wir die Schwächen eines Mitmenschen sehen. Wenn wir Macht über Menschen *bekommen*, die vielleicht Macht über uns *ausgeübt* haben. Wir sollten es besser machen als sie. Wir sollten diese Macht behutsam nutzen. Wir sollten die Regeln der göttlichen Überführung im Hinterkopf behalten und ihnen demütig, distanziert beweisen, dass sie im Unrecht sind.

...dann hat das was mit Gottesfurcht zu tun

Der Herr lasse es fern von mir sein, dass ich so etwas an meinem Herrn, dem Gesalbten des Herrn, tun sollte, meine Hand gegen ihn auszustrecken! Denn er ist der Gesalbte des Herrn.

1.Sam 24:6

Da hockte der König Israels also stinkend und stöhnend vor den Helden Davids. Diese waren sich recht schnell einig, dass man die Gunst der Stunde nutzen sollte. Sie rieten David zum Königsmord. Der aber weigerte sich. Er wollte den nicht aus der Welt schaffen, den Gott zum König eingesetzt hatte. Er sah in Saul noch immer den "Gesalbten des Herrn", auch wenn ihm vieles an ihm "stank".

Auch wenn der Ausdruck " Der Gesalbte des Herrn" etwas altmodisch in unseren Ohren klingt, so ist er von hoher Wichtigkeit für unser Denken. Er meint all solche Menschen, die Gott in unserem Leben in Verantwortung – und Leitungspositionen gesetzt hat. Es sind unsere Chefs und Abteilungsleiter, unsere Ältesten und Diakone und unsere Väter und Ehemänner.

Er war mein Vorgesetzter. Er war verheiratet und hatte 4 Kinder. Schon bald bemerkte ich, dass er sich mit einer jungen, gut aussehenden Kollegin mehr als gut verstand. Irgendwann bestätigte sie mir das. Sie hatten ein Verhältnis miteinander. Also nahm ich mir ein Herz und sprach mit beiden. Kurz darauf trennten sie sich voneinander. Ich habe nie von diesem Wissen Gebrauch gemacht. Denn er war mein Vorgesetzter.

Das Fleisch ist ein gnadenloser Rächer. Wehe dem, der unserer widergöttlichen Natur in die Hände fällt. Es drängt uns, die Gunst der Stunde zu nutzen. Es flüstert uns verführerisch und unheilvoll ins Ohr: "Das ist der Tag, auf den du schon so lange gewartet hast. Jetzt hast du die Möglichkeit, ihn zu erledigen. Es reicht nur eine kleine Bemerkung und der fliegt auf. Dann weiß es jeder Mann und jede Frau im Ort."

Aber was sagt die Schrift denen, die sich rächen wollen? "Rächet nicht euch selbst, Geliebte, sondern gebet Raum dem Zorn; denn es steht geschrieben: Mein ist die Rache; ich will vergelten, spricht der Herr." (Röm 12:19). Das ist eine Absage an unsere rachsüchtige alte Natur. Der Geist aber kann warten, bis Gott selbst Hand an unsre Gegner legen wird. Denn der, der Könige einsetzt, setzt sie auch wieder ab.

Die Zeiten der Diktaturen stellten zu jeder Zeit den christlichen Glauben auf eine ungeheure Zerreißprobe. Der Widerstandskämpfer Dietrich Bonhoeffer, zum Beispiel, nahm die Konsequenz seines Widerstands, den Tod als Rechtsbrecher im Sinne des geltenden Staatsgesetzes, bewusst an. Er sah sich nicht als „unschuldig", sondern nahm seinen Tod als Folge seines Handelns aus Gottes Hand: „…denn alle, die das Schwert nehmen, werden durchs Schwert umkommen" (Mt 26:52).

Der Geist des wiedergeborenen Menschen ist ein "disziplinierter Krieger". Er kennt die Regeln, nach denen das Spiel des Glaubens gespielt wird und er hält sich an dieselben. Er weigert sich, die Gunst der Stunde zu nutzen und eine Autoritätsperson "rauszuhauen". Er schmeißt niemanden raus und sagt "Mensch, ärgere dich nicht", wenn die launischen Würfel in seinem Kopf gefallen sind. Er tastet die "Gesalbten des Herrn" nicht an, auch wenn sie in seinen Augen bösartige Persönlichkeiten sind.

...dann werden sie sich nicht groß ändern

Und Saul erhob seine Stimme und weinte.

1.Sam 24:16

David überführte Saul nach allen Regeln der biblischen Kunst. Er nahm eine räumliche Distanz zu ihm ein, redete milde mit ihm und präsentierte ihm sogar ein Beweisstück, nachdem der König Israels sein Geschäft erledigt hatte. Infolgedessen gab Saul alles zu. Und wie zur Besiegelung des Gesagten weinte er auch laut vernehmlich. Aber es waren "Krokodilstränen", denn er machte weiter wie gehabt, mit der Verfolgung Davids.

Die Überführung von Sündern ist ein hartes und schmutziges Geschäft. "Denn wer mit dem Schornsteinfeger ringt, wird schwarz", sagt ein amerikanisches Sprichwort. Viele sind emotional zu ganz großem Theater fähig, wenn sie merken, dass sie argumentativ auf dem Kreuz liegen. Es kann sein, dass sie sich für einen Moment schämen. Aber das hält sie nicht davon ab, in einem zweiten Moment weiterzumachen wie gehabt.

Es war ein offenes Geheimnis. Er wechselte die Geliebten wie die Unterhemden. Sehr zum Leidwesen seiner Frau.

Die hatte ihm das Studium finanziert. Sie hatte ihre beiden Kinder großgezogen. Sie war bescheiden, während er Karriere als Chefarzt der Chirurgie machte. Sie hatten oft darüber gesprochen. Er hatte auch oft verbal Reue gezeigt. Aber der "Kater lies das Mausern nicht". Irgendwann dann zog sie es vor, alleine zu leben.

Das Buch der Sprüche lehrt: "Wer seine Übertretungen verbirgt, wird kein Gelingen haben; wer sie aber bekennt und lässt, wird Barmherzigkeit erlangen" (Spr 28:13). Im Bekennen von Sünden nun sind viele recht stark, im Lassen derselben eher schwach. Aber, wenn einer Mist gebaut hat, dann sollten seine Taten tatsächlich lauter reden als seine Worte. Wir sollten jedenfalls niemanden heiligsprechen, der weiterhin unheilig lebt.

Eine der zentralen Fragen in der christlichen Seelsorge ist die, wie echt denn eine deklarierte Buße wirklich war. Manchen trauen dem Braten nicht, wenn schnelle Bekenntnisse leichtfertig daher geträllert werden. Und recht haben sie. Man muss skeptisch sein. Aber vielmehr noch muss man geduldig sein. Denn die Zeit wirds zeigen. Das Verhalten des Bußfertigen wird das Siegel der Echtheit auf sein verbales Bekenntnis pressen.

Launisch fragt der weinende Prophet das fröhlich in Sünde verharrende Gottesvolk: "Kann ein Farbiger seine Haut wandeln, ein Leopard seine Flecken? Dann könntet auch ihr Gutes tun, die ihr an Bösestun gewöhnt seid" (Jer 13:23). Jeremia begriff, dass das sündige Israel nicht so schnell aus seiner Haut heraus konnte. Jahrhundertelange Gewöhnung hatten echte Umkehr fast unmöglich gemacht.

Wir sollten uns da nicht allzu große Illusionen machen. Reumütige Sünder haben mitunter eine kurze Halbwertszeit. Wir können sie noch so korrekt behandeln und ihnen einen großen Bonus an Vertrauen schenken. Sie werden möglicherweise auf kurz oder lang, den Leiterwagen ihres Lebens wieder in den gewohnten Spuren der gewohnten und breiten Feldwege ziehen, auch wenn sie für kurze Zeit einmal auf den schmalen unbekannten Pfaden der Gerechtigkeit gegangen sind.

Mephiboseth

Wenn Gott uns Gnade erweist

2. Sam. 9

Prof. Dr. Andreas Conca war eine prägende Persönlichkeit in meinem Leben. Der landesweite Koordinator der psychiatrischen Dienste in der Provinz Bozen bläute seinem Personal immer wieder grundlegend wichtige Prinzipien im Umgang mit psychisch kranken Menschen ein. Von ihm lernte ich, unter anderem, dass man Menschen mit einer psychischen Störung aktiv aufsuchen muss. Dies insbesondere deshalb, weil viele von ihnen zum sozialen Rückzug neigen.

Bei Licht besehen ist der Grundsatz der „aufsuchenden Psychiatrie" ein göttlicher. Denn auch Gott, der Vater, sucht den verlorenen Sünder. Wenn er ihn dann gefunden hat, offenbart er ihm seine überraschende Gnade, die uns in Gott dem Sohn, Christus Jesus, geworden ist. Bei unserer Bekehrung empfangen wir auch den Heiligen Geist, der sich um die Belange Gottes kümmert. Vater, Sohn und Heiliger Geist sind also am Werk, wenn ein Sünder zu himmlischer Herrlichkeit geführt wird.

Die Geschichte von Mephiboseth ist eine der bewegendsten im AT. Wir finden sie in 2. Sam 9. David erweist dem querschnittsgelähmten Enkel Sauls darin eine überraschende und überwältigende Gnade. Er lässt ihn an den Königshof bringen und gibt ihm alle verloren gegangenen Ländereien seiner Familie wieder. Aber damit nicht genug, er bestellt auch Ziba und seine Söhne zu Mephiboseths Dienern, damit sie den zurückgewonnenen Besitz für ihn verwalten. Durch Mephiboseth erhalten wir eine sehr erbauliche Lektion darüber, was geschieht, wenn Gott uns Gnade erweisen möchte.

Wenn Gott uns Gnade erweisen möchte…

… dann sucht er, bis er uns findet

… dann wird uns seine Güte überraschen

… dann wird er ein Leben lang für uns sorgen

...dann sucht er, bis er uns findet

Ist noch jemand da, der vom Hause Sauls übriggeblieben ist,

dass ich Güte an ihm erweise um Jonathans willen?

2.Sam 9:1

Als David seine Macht gefestigt hatte, wollte er dem Hause Sauls Güte erweisen. Er sagt das inin den Versen 1, 3 und 7 dieses Kapitels dreimal ausdrücklich. Er ließ Ziba rufen. Der war ein Knecht im Hause Sauls gewesen. Er erinnerte sich an Mephiboseth (deutsch: „Vertreiber der Schande"). Der querschnittsgelähmte Sohn Jonathans lebte, noch. Irgendwo im einem „öden Land" (hebr.: Lodebar) bei einem „Kaufmann" (hebr: Makir), südlich des Sees Genezareth.

Wahrscheinlich wäre Mephiboseth gerne nach Jerusalem zurückgekehrt. Aber es gab gleich mehrere Gründe, die ihn hinderten. *Erstens* war er gelähmt. *Zweitens* war er aus dem Hause Sauls. *Drittens* waren Blinde und Lahme der Seele Davids verhasst (2. Sam. 5:8). Aber der Bund, den sein Vater Jonathan einst mit David gemacht hatte, garantierte ihm dennoch Gnade. Es bedurfte allerdings des Suchens Davids.

Wenn Gott uns Gnade erweisen möchte, dann wird er uns suchen, bis er uns findet. Nicht wir haben ihn gesucht, sondern vielmehr hat er uns gesucht. Er weiß, wen er erwählt hat. Er weiß, wen er in den Genuss seiner Gnade kommen lassen möchte. Es sind die, die Angst vor ihm haben müssten. Es sind die, die ihn nicht suchen würden. Es sind die Verlierer und Verlorenen der Welt. Aber Gott sucht sie, bis er sie findet.

Der Herr ist in seiner Suche nach den Hoffnungslosen sehr ausdauernd. Jesus lehrt diesen Umstand ausführlich im fünfzehnten Kapitel des Lukas – Evangeliums. Die Geschichte von dem verlorenen Schaf, der verlorenen Drachme und dem verlorenen Sohn führen uns diese akribische, selbstlose und bewegende Suche höchst plastisch vor Augen. Jesus wollte, dass die Verlorenen wüssten, dass Gott sie sucht.

Am 05. August 2010 ereignete sich um 14 Uhr ein schweres Grubenunglück in Chile. 33 Bergleute wurden für 60 Tage in 700 Meter unter Tage eingeschlossen. Sie arbeiteten in dem Kupfer- und Goldbergwerk von San José, 45 Kilometer nordwestlich von Copiapó. Alle so Eingeschlossenen wurden lebendig gerettet. Aber für knapp zwei Monate fristeten sie das Leben als Unterirdische. Sie hatten keine Hoffnung auf Rettung.

Es wäre zynisch, die „Unterirdischen" unserer Zeit alleine zu lassen. Wir müssen sie suchen, bis wir sie gefunden haben. Wir müssen ihnen sagen, dass es einen Ausweg aus der Grube gibt. Wir müssen ihnen sagen, dass ihre Schuld vergeben ist. Wir müssen ihnen sagen, dass die Finsternis nicht die Normalität ist. Wir müssen ihnen sagen, dass Gott es gut mit ihnen meint. Ansonsten kommen sie aus dieser Nummer nicht mehr raus.

Wir beiden wissen, wie das war. Wir suchten die Wahrheit verzweifelt. Aber unsere Gebete gingen nur bis zur Zimmerdecke. Gibt es einen Gott? Und wenn ja, wie komme ich in Kontakt mit ihm? Will er mich überhaupt? Denn Christen sind bekanntlich „Saubermänner". So dachten wir. Bis einer uns aufsuchte, uns die Bibel gab und sagte: Nimm und lies! Und wir begriffen, dass uns der Weg zu einem gütigen Gott offen stand.

... dann wird uns seine Güte überraschen

Und Mephiboseth, der Sohn Jonathans, des Sohnes Sauls,
kam zu David; und er fiel auf sein Angesicht und beugte sich
nieder. Und David sprach: Mephiboseth! Und er sprach: Siehe,
dein Knecht.

2.Sam 9:6

David ließ Mephiboseth holen. Wie sonst sollte der Querschnittsgelähmte auch von Lodebar nach Jerusalem kommen? Er war chancenlos. Um so mehr muss es ihn überrascht haben, dass der König ihn mit Namen ansprach, ihm seine Felder zurückgeben wollte und ihn an der Tafelrunde seines Hofes speisen lassen wollte. Die Güte des Königs überraschte ihn derart, dass er sich niederbeugte und seine Unwürdigkeit der eines Hundes verglich.

Wenn Gott uns Gnade erweisen möchte, dann lässt er uns zu Jesus kommen. Und wer zu Jesus kommt, den wird dieser nicht hinausstoßen (Joh. 6:37). Jesus kennt seine Schafe beim Namen. Und er redet überraschend Gutes zu ihnen. Er will ihnen verlorene Zeit zurückschenken. Er will ihnen die Würde des Lebens erneuern. Und er lässt sie mitsitzen an der himmlischen Tafel Gottes.

Als mein Freund und Bruder Hessam und ich in den Neunzigerjahren einmal einen unserer ausgedehnten Waldspaziergänge in den Umgegenden von Freudenberg machten, da fanden wir einen flugunfähigen Jungvogel, der aufgeregt fiepsend durch das Unterholz des Waldes hüpfte. Er versuchte zu fliehen, als wir ihn in die Hände nehmen wollten, um ihn zum Tierarzt zu bringen. Er hatte Angst, obwohl wir ihm Gutes tun wollten.

Wer die Evangelien aufmerksam ließt, wird bemerken, dass erstaunlich viele Menschen zu Jesus *gebracht* wurden. Zum Beispiel der Gelähmte, den seine Freunde durch das Dach des Hauses zu ihm herabließen (Mat. 9:2). Oder auch der stumme Besessene, den Leute seines Ortes zu dem Heiler brachten (Mt. 9:32). Oder aber auch all die Leidenden und Besessenen, die man ihm vor allem in den Abendversammlungen vor die Füße legte (Mt. 8:16). Er heilte sie alle, nachdem sie zu Jesus gebracht worden waren.

Das Lied „Amazing Grace" verdankt seine Entstehung einem Schlüsselerlebnis seines Autors John Newton, der Kapitän eines Sklavenschiffs war. Nachdem er am 10. Mai 1748 in schwere Seenot geraten und nach Anrufung Gottes gerettet worden war, behandelte er zunächst die Sklaven menschlicher. Nach einigen Jahren gab er seinen ersten

Beruf ganz auf, wurde stattdessen Geistlicher und trat gemeinsam mit William Wilberforce für die Bekämpfung der Sklaverei in England ein.

In der ersten und dritten Strophe des Liedes heißt es in der deutschen Übersetzung: „Erstaunliche Gnade, wie süß der Klang, / Die einen armen Sünder wie mich errettete! / Ich war einst verloren, aber nun bin ich gefunden, / War blind, aber nun sehe ich. / … Der Herr hat mir Gutes versprochen, / Sein Wort macht meine Hoffnung sicher; / er wird mein Schild und Teil sein, / Solange das Leben währt."

Ich denke, Mephiboseth ging es ähnlich. Als Davids Leute ihn aus Lodebar holten, da dachte er womöglich, dass sein letztes Stündchen geschlagen hätte. Und als David ihn namentlich ansprach, da vermutete er seinen Namen auf der „Blacklist" des Königs. Doch die Geschichte lehrt uns, dass Gott anders ist, als wir denken. Und sie lehrt uns im Besonderen, dass er immer für eine freudige Überraschung gut ist.

... dann wird er ein Leben lang für uns sorgen

Und du sollst ihm das Land bauen, du und deine Söhne und

deine Knechte, und den Ertrag einbringen, damit der Sohn

deines Herrn Brot zu essen habe.

2.Sam 9:10

Ziba ist der Erfüllungsgehilfe Davids in dessen Akt der Gnade gegen Mephiboseth. Er kannte die Gepflogenheiten des königlichen Hauses noch aus Sauls Zeiten. Auch hatte er Kenntnis über den Aufenthaltsort des Begnadigten. Er erhält den Auftrag, die Felder Mephiboseths zu bebauen. Er hatte schließlich auch, bei fünfzehn Söhnen und zwanzig Knechten, die Mittel hierfür. Er sollte Davids Willen für die Zukunft Mephiboseths erfüllen.

David sorgte also vollumfänglich für Mephiboseth. Er schloss durch seinen Akt der Gnade sauber mit einer unrühmlichen Vergangenheit des Königsenkels ab. Aber damit nicht genug: Er erstattete ihm auch allen verloren gegangenen Besitz wieder zurück. Und obendrein sicherte er auch die Zukunft Mephiboseths, indem er dafür Sorge trug, dass seine großen Besitztümer durch Ziba wieder ordentlich bebaut und verwaltet wurden.

Wenn Gott uns Gnade erweisen möchte, dann wird der Heilige Geist für uns sorgen. Der Geist weiß, *wer* wir sind und *wo* wir sind. Er ist von dem Herrn beauftragt, unsere Versorgung zu übernehmen. In materieller Hinsicht genauso wie in geistlicher. Er ist dazu absolut fähig und willig. Er wird dieses Mandat vollumfänglich ausführen. Denn wir selbst sind hierzu gänzlich unfähig. Aber der Geist kann *in* und *um* uns das wirken, was Gott wohlgefällt.

Der Heilige Geist wird für uns sorgen. Dies ist eine der großen Kernaussagen der Lehrbriefe im NT. Als Gott, der Sohn, die Erde verließ, kam kurze Zeit später Gott, der Geist, auf dieselbe, um das Werk weiterzuführen. Er versiegelt unser Leben, er "übersetzt" unsere Gebete, er leitet unsere Lebenswege, er stärkt uns am inneren Menschen und vieles mehr. Der derzeit Handelnde ist tatsächlich die dritte Person der Gottheit.

Das wahre Evangelium wäre ohne Gottes Wirken im Geist nur eine weitere, anstrengende Religion, die uns, wie alle anderen, nur erschöpfen würde. Tatsächlich unterscheidet sich der christliche Glaube von allen anderen Religionen der Welt, bei genauerem Hinsehen, an einem Punkt: Der dreieinige Gott der Güte ist derjenige, der „für uns arbeitet". In allen anderen Religionen und

Weltanschauungen hingegen muss der Praktizierende sich mühsam zu Gott „hocharbeiten".

Deswegen meine Frage an dich:" Werkelst du noch, oder glaubst du schon?" (Vergib mir diese verbale Plattitüde aus der Welt der Wohneinrichtung!) Es geht Gott nicht darum, dass du dich zu ihm *hocharbeitest*. Schon längst hat er sich gütig in dein Leben *hinabbegeben*. Es ist an dir, sein Wirken zu *erkennen* und es *anzuerkennen*. Ich befürchte, dass Fern- wie Nahestehende diese Wahrheit schlecht verstanden haben.

Als Mephiboseth am Tisch des Königs saß, da arbeiteten die Söhne und Knechte Zibas auf den Feldern. Und während du in der stillen beglückenden Gemeinschaft mit dem Vater bist, kümmert sich der Heilige Geist um die Belange deines Lebens. Insofern ist der christliche Glaube eine hedonistische Religion, denn sie genießt die Segnungen eines gütigen Gottes in vollen Zügen, während dieser sich um unsere Belange kümmert.

Bathseba

Wenn die Lust uns überlistet

2. Sam. 11:1-5

Als die Lust ihn überlistete, war Bill Clinton auf dem Höhepunkt seiner Macht. Und die fand die junge Praktikantin Monica Lewinsky, wie viele andere Frauen auch, sexy. Also gab sich die heute 50-jährige Psychologin dem mächtigsten Mann der damaligen Welt im „Oval Office" des Weißen Hauses hin. Der Rest ist Geschichte und jedem bekannt. Um ein Haar schrammte der 42. Präsident der USA damals an einem Amtsenthebungsverfahren vorbei und löste mit seiner Affäre eine schwere innenpolitische Krise aus.

Wenn die Lust uns überlistet, dann haben wir aufgehört zu kämpfen. Wir wollten uns ein wenig Ruhe gönnen. Doch unsere Augen haben uns einen bösen Streich gespielt. Sie ließen uns Dinge sehen, die wir besser nie gesehen hätten. Aber schlimmer noch: Sie ließen uns Dinge tun, die wir besser nie getan hätten. Und diese Dinge kosteten uns Kopf und Kragen. Unsere Ehe zerbrach und unsere Familie mit ihr. Wir verließen die Gemeinde und verursachten eine

Menge Probleme. Nur weil wir es uns einen Moment lang mal gut gehen lassen wollten.

Die Lust überlistete auch den König Israels. Nur weil er einer Frau beim Baden zusah. Er war zu Hause geblieben, anstatt mit seinen Soldaten in den Kampf zu ziehen. An einem lauen Frühlingsabend fing er Feuer für Bathseba – und verbrannte eine Nacht lang darin. Dieser „one – night – stand" bescherte ihm eine ganze Reihe von familiären und politischen Problemen. Wir lesen von Davids ganz persönlichem Sündenfall in 2. Sam. 11. An Davids Affäre mit Bathseba dürfen wir lernen, was die Gründe dafür sind, dass die Lust uns überlistet.

Wenn die Lust uns überlistet...

...dann haben wir aufgehört zu kämpfen

... dann spielen uns die Augen einen Streich

... dann folgt dem eine Reihe von Problemen

...dann haben wir aufgehört zu kämpfen

Und es geschah bei der Rückkehr des Jahres, zur Zeit, wann die Könige ausziehen, da sandte David Joab und seine Knechte mit ihm und ganz Israel; und sie richteten die Kinder Ammon zu Grunde und belagerten Rabba. David aber blieb in Jerusalem.

2.Sam 11:1

Es war der Frühling des Jahres 995 v. Chr. David war damals 45 Jahre alt. Es sollte das Schicksalsjahr des Königs werden. Denn in diesem Jahr kämpfte er nicht, sondern er sündigte. Es war der Scheitelpunkt seiner Karriere, als er sich eine kleine Pause gönnte. Die nächsten acht Jahre waren dann von heftigen Schwierigkeiten in der Familie geprägt. David hätte sich so manches ersparen können, wenn er gekämpft hätte, anstatt zu faulenzen.

Diese Episode des Lebens Davids fällt in die Zeit seiner Eroberungskämpfe. In den Jahren 999 – 992 v. Chr. nämlich unterwarf der König Israels viele der umliegenden Nachbarstaaten. Wir lesen davon in den Kapiteln 8 – 10 des 2. Buches Samuel. Solange er kämpfte, war er sicher, aber in dem Moment, wo er das Schwert niederlegte, sündigte er. Es scheint, als ob wir nirgendwo so sicher sind wie im Kampf.

"Kämpfe den guten Kampf des Glaubens", ermahnt Paulus seinen jungen Schüler Timotheus in 1. Tim 6:12. Er ermunterte denselben zwar auch ein wenig Wein zu gebrauchen, aber dies eher wegen gewisser Magenschmerzen und auch eher im Sinne einer medikamentösen Therapie, als im Sinne eines Genussmittels. Ansonsten aber war geistlicher Kampf die Grundbefindlichkeit für den Apostel und alle, die ihm folgten.

Wenn der Kampf uns guttut, dann leben wir heutzutage in einer äußerst gefährlichen Zeit. Man diskutiert über die 4-Tage – Woche bei vollem Lohnerhalt. Die Waage der "Work – Life – Balance" schlägt deutlich in Richtung des Lebens (life) und nicht in die der Arbeit (work) aus. Man meint mehr Zeit für sich und, wenn vorhanden, auch für die Familie zu brauchen. Kurzum, der Trend geht nicht in Richtung Arbeit und Kampf, sondern eher in Richtung Spaß und Spiel.

"Müßiggang ist aller Laster Anfang", sagt das alte deutsche Sprichwort. Wer nichts zu tun hat, der kommt schnell auf dumme Gedanken. Auch deshalb führte Gott nach dem Sündenfall schweißtreibende Arbeit in das Leben Adams ein. Nicht etwa, um ihn zu strafen, sondern vielmehr, um ihn vor weiteren Dummheiten zu bewahren. Wer arbeitet und kämpft,, steht unter der Bewahrung Gottes.

Hüten wir uns deshalb vor jenem verführerischen Moment, wo wir auch mal "an uns denken müssen". Es gibt keinen Grund, die Arbeit niederzulegen, nur weil wir sie regelmäßig und erfolgreich ausgeübt haben. Die Ausnahme bildet der 7. Tag der Woche, an dem Gott selbst ruhte. Ansonsten ist es ein Segen für uns und andere, wenn wir kontinuierlich arbeiten gehen. Es bewahrt uns vor vielem.

Du und ich sollten unseren Tag gut strukturieren. Wir sollten immer etwas zu tun haben. Am besten solche Dinge, die uns oder anderen nützlich sind. Wer hingegen in den Tag hineinlebt, der wird früher oder später das Opfer seiner Planlosigkeit. Denn die Unfähigkeit, sich selbst und seinen Tag zu organisieren ist Ausdruck einer mentalen Schwäche, die der Widersacher sicherlich zu seinen Gunsten nutzen wird.

...dann spielen uns die Augen einen Streich

Und es geschah zur Abendzeit, als David von seinem Lager

aufstand und auf dem Dache des Hauses des Königs wandelte,

dass er von dem Dache herab eine Frau sich baden sah; und die

Frau war sehr schön von Ansehen.

2.Sam 11:2

An diesem lauen Frühlingstag schlief David etwas länger als sonst. Erst am Abend stand er auf. Und da sah er sie. Und sie war wunderschön. Und der König fing Feuer. Dieses Feuer sollte ihn und seine Familie verbrennen. Denn er sah etwas, das er besser niemals gesehen hätte: die Frau eines seiner Helden, Bathseba. „Die Tochter der Fülle", wie sie im Hebräischen heißt, hätte vielleicht woanders baden können. Aber David hätte auch nicht hinschauen müssen.

Der Apostel Johannes warnt uns vor der Lust der Augen in seinem ersten Brief: "Liebet nicht die Welt, noch was in der Welt ist. Wenn jemand die Welt liebt, so ist die Liebe des Vaters nicht in ihm; denn alles, was in der Welt ist, die Lust des Fleisches und die Lust der Augen und der Hochmut des Lebens, ist nicht von dem Vater, sondern ist von der Welt" (1. Joh 2:16).

Unsere Augen sind nicht nur die Spiegel unserer Seele, sondern auch die Türen zu unserem Herzen. Die beiden Sehorgane spiegeln nicht nur wieder, wie es *in* uns aussieht, sondern nehmen auch in uns auf, wie es *um* uns aussieht. Insofern können sie Einfallstore für Dinge sein, die unserer Seele schaden. Vor allem dann, wenn die Dinge, die sie sehen, von einer gewissen Schönheit sind.

Eva zum Beispiel sah die (schöne) Frucht, aß sie und gab sie auch ihrem Mann (Gen. 3:6). Der Sündenfall war perfekt. Die Söhne Gottes sahen die (schönen) Töchter der Menschen und nahmen sie sich zu Frauen (Gen. 6:2). Die Sintflut war beschlossen. Achan sah einen (schönen) Mantel, nahm ihn und verbarg ihn (Jos. 7:21). Die Niederlage von Ai war perfekt. Die Schrift warnt uns also, in einem gewissen Sinne, vor den schönen Dingen, die wir sehen.

Hiob hatte deshalb einen Vorsatz getroffen „Ich habe mit meinen Augen einen Bund gemacht, und wie hätte ich auf eine Jungfrau geblickt!" (Hi 31:1). Der Patriarch wollte lieber wegsehen, als dass er durch die Schönheit einer jungen Frau versucht worden wäre. Er hatte dieses Abkommen mit seinen eigenen Augen getroffen. Um seiner selbst willen. Denn er wusste um die Versuchbarkeit eines Mannes durch schöne Frauen.

Wenn sich zu der Schönheit auch noch die Nacktheit gesellt, dann wird es schwer, zu widerstehen. Dies ist der Stoff aus dem die Traumwelt der Männer gemacht ist: Pornografie. Mit der Einführung der digitalen Medien, vor allem des Smartphones, ist sie gratis an jedem Ort zu haben. Sie flutet derzeit die Seelen unzähliger junger und alter Männer auf der ganzen Welt. Aber auch Frauen werden immer mehr von ihr angezogen und weggetragen.

Wenn es um nackte weibliche Schönheit geht, dann schauen Männer besser weg. Ansonsten landen sie in der "Sexfalle". Dieses Wegschauen wird allerdings zunehmend schwerer. Denn die Welt wird immer nackter, frivoler und sexueller. Der Möglichkeiten zu sündigen sind viele. Bedenken wir aber, dass dieser eine laue Frühlingsabend den König Israels Kopf und Kragen kostete. Schauen wir also lieber weg, wenn sich die Möglichkeit zur Sünde bietet.

...dann folgt dem eine Reihe von Problemen

Und das Weib wurde schwanger; und sie sandte hin und berichtete es David und sprach: Ich bin schwanger.

2.Sam 11:5

Bathseba wurde schwanger. Möglicherweise hatte sie gebadet, weil sie sich von den Spuren ihrer Monatsblutung reinigen wollte. Auf jeden Fall war sie in dieser Nacht empfänglich. Vielleicht wusste David nicht um diesen Zusammenhang. Aber sie hätte ihn davon in Kenntnis setzen können. Auf jeden Fall aber ließ sie den König, wahrscheinlich einige Wochen später umgehend wissen, dass ihre gemeinsame Nacht nicht ohne Folgen geblieben war.

Es sollte nicht bei der Schwangerschaft bleiben. Der Sohn, den Bathseba gebar, würde sterben. Genauso wie ihr Mann Urija. Den ließ David durch die Hand der Feinde in der ersten Schlachtreihe umkommen. Damit aber nicht genug: In den nächsten acht Jahren würden die Kinder Davids einander vergewaltigen, morden und sie würden gegen ihren eigenen Vater putschen. Der Sündenfall des Königs kostete David und sein Umfeld Kopf und Kragen.

Die Lüste, die wir pflegen, kosten uns und andere etwas. Ganz besonders diejenigen, die unsere Ehe zerstören. Sie kosten uns das Ansehen. Sie kosten unsere Partner eine Menge Zeit und Nerven. Unsere Kinder müssen mit den zerrissenen Verhältnissen in ihrer Seele zurechtkommen. Ganz zu schweigen von den Tränen, die geweint werden, dem Vertrauen das zerbricht und dem Geld, was auf den Rechtswegen eines "Rosenkriegs" verloren geht.

Als Gerhard Schröder zur 14. Bundestagswahl am 27. September 1998 als Kanzlerkandidat antrat, da postete die Junge Union ein spitzzüngiges Plakat mit dem Slogan: „Drei Frauen können sich nicht irren – Schröder ist der falsche Mann" Seine eheliche Untreue hatte den SPD – Politiker hinsichtlich seiner Verlässlichkeit derart diskreditiert, dass er im politischen Leben leicht angreifbar wurde.

Charles Swindoll berichtet in seinem Buch "Riesen und Dornen" von "einem ausgezeichneten Bibellehrer, der im Reisedienst steht. Er sagte, er habe eine geheime Liste angefertigt von Männern, die einmal herausragende Ausleger der Schrift waren, ausnahmslos fähige und geachtete Verkündiger, bevor sie in ihrem Glauben an den Klippen moralischer Verunreinigung Schiffbruch erlitten.

In der vergangenen Woche, so sagte er, sei er bei Nummer 42 auf seiner Liste angekommen".

Prediger und Gemeindeleiter, landen nicht selten in der "Sexfalle". Der hochbegabte Mann Gottes ist oft ein "Er mit einer Sie- Schwäche". Einer von Ihnen vermag mehr als eine ganze Gemeinde zusammen. Er predigt, dass sich die Säle füllen, er betet, dass sich die Hölle fürchtet, und er sieht zudem nicht schlecht aus. Nur bei der zarten Hand einer jungen Frau, die zu ihm in die Seelsorge kommt, da wird er schwach.

Wenn die Lust uns überlistet, dann passiert es meistens dann, wenn wir uns einen Augenblick der Pause gönnen. Denn Müßiggang ist und bleibt aller Laster Anfang. Dann spielen unsere Augen uns einen bösen Streich, indem sie umherschweifen und das entdecken, was sie besser nie gesehen hätten. Hüten wir uns vor diesem Luxus. Denn er kommt uns teuer zu stehen. Er kostet uns Kopf und Kragen und vor allem unseren guten Ruf. Bill Clinton könnte ein Lied davon singen.

Absalom

Wenn unsere Kinder Tyrannen werden

2. Sam. 14:25-33

Auf dem Flug von Düsseldorf nach Las Palmas saß Theo hinter uns. Der ungefähr fünfjährige, rothaarige Junge hatte seine Eltern mitgebracht. Die allerdings kümmerten sich nicht viel um ihn. Sie drückten ihm ein Tablet in die Hand und lasen dann auf ihren Handys. So kam es, dass meine Frau und ich ungefähr zwei Stunden lang dem kontinuierlichen Geschrei eines kleinen Tyrannen ausgesetzt waren, der im Bedarfsfall auch mit Kopf und Füßen gegen die Lehnen unserer Sitze stieß, um die Aufmerksamkeit seiner mental abwesenden Eltern zu gewinnen. Irgendwann zogen meine Frau und ich dann in die letzte Reihe des Fliegers um.

Wenn unsere Kinder zu Tyrannen werden, dann hat das was mit uns zu tun. Vielleicht fanden wir sie als Kleinkinder so süß, dass wir es nicht für nötig hielten, ihnen irgendeine Form von Erziehung angedeihen zu lassen. Aber irgendwann haben sie dann angefangen uns mit ihrem Geschrei, ihrem "Sich- auf- den Boden- werfen" und ihren

Drohungen, uns nicht mehr lieb haben zu wollen, erpresst. Wenn das so ist, dann werden wir später ihre Opfer werden. Denn sie werden mit uns machen, was sie wollen, wenn wir ihnen keine Grenzen ziehen.

David musste diese schmerzhafte Erfahrung machen. Sein drittältester Sohn putschte gegen ihn. Um ein Haar hätte den König Israels die „Affenliebe" zu seinem Drittgeborenen den Thron gekostet. Der war zwar bildhübsch und sehr gefällig in seinem Auftreten, aber in seinem Inneren war er ein erpresserischer Tyrann, der auch vor einem Mord an seinem Bruder nicht zurückschreckte. Bis zu seinem unseligen Ende an einem Pistazienbaum hatte er den legendären König Israels und auch dessen mächtigsten General in seiner Hand. Absalom. Wir lesen von ihm in 2. Sam. 14:25-27. An Absalom lernen wir, was mit uns los ist, wenn unsere Kinder zu Tyrannen werden.

Wenn unsere Kinder zu Tyrannen werden...

... dann sind wir auf sie reingefallen

... dann sind wir erpressbar geworden

... dann werden wir ihre Opfer sein

...dann sind wir auf sie reingefallen

Und in ganz Israel war kein Mann wegen seiner Schönheit so sehr zu preisen wie Absalom; von seiner Fußsohle bis zu seinem Scheitel war kein Fehl an ihm.

2.Sam 14:25

Er war zu schön, um wahr zu sein. Absalom, „Der Vater des Friedens" wie er irreführenderweise genannt wurde. Tadellos, fehlerlos, makellos sein Körper. Sein Seelenleben hingegen war ein Abgrund an Tyrannei, Boshaftigkeit und Empfindlichkeit. Wenn er sich einmal im Jahr die Haare schneiden ließ, dann wog der Abfall beim Frisör umgerechnet zweieinhalb Kilogramm. Er musste ein schwarz gelockter Adonis gewesen sein, dieser Absalom.

In Wirklichkeit war er ein Mörder. Er hatte seinen älteren Bruder Amnon meucheln lassen. Denn dieser hatte ihrer beider Schwester Tamar vergewaltigt und danach verstoßen. Zuerst schwieg Absalom dazu, dann aber, zwei Jahre später, ließ er seinen Bruder auf einem eigens dafür arrangierten Fest von seinen Dienern erschlagen. Er hatte seinen Groll in einem dunklen tyrannischen Herzen sorgfältig für den Tag der Rache aufbewahrt.

Wenn unsere Kinder zu Tyrannen werden, dann sind wir auf sie hereingefallen. Ihre Niedlichkeit hat uns dazu verleitet, dass wir eher mit ihnen gespielt haben, als sie zu erziehen. Ihre Tollpatschigkeit hat uns glauben gemacht, dass sie beständig unsere Hilfe bräuchten. Und die Tatsache, dass es *unsere* Kinder waren, hat uns annehmen lassen, dass sie besser wären als die der anderen. Wir haben ihnen nahezu alles erlaubt.

Sie stand kurz vor der Pension. Die Psychologin unseres multidisziplinären Teams verfügte über eine lange Berufserfahrung und ein umfangreiches Fachwissen. Aber das war nicht der Grund, warum sie dauernd im Mittelpunkt des Geschehens stehen musste. Keine Entscheidung fiel, ohne dass sie ihre Meinung gegeben hätte und keine Sitzung begann, bevor sie nicht, mit einiger Verspätung, aufgetaucht wäre.

In einem persönlichen Gespräch erzählte sie mir einmal, dass sie als junges Kind immer für die deutschen Touristen am Kalterer See getanzt hätte. Damals hätte man ihr nicht nur wohlwollend applaudiert, sondern ihr auch oftmals Geld dafür gegeben. „Nein, ist das ein niedliches Kind!" hätte sie dann oft gehört. Und tatsächlich, sie war noch im

Alter eine attraktive Frau. Aber sie war Histrionikerin und musste immer im Mittelpunkt stehen.

So wie sie gibt es heute viele „verzogene Kinder". Sie wurden in „Watte gepackt" und mit Zucker gefüttert. Dabei wurden aus den „kleinen Süßen" ausnehmende „Charaktermonster". Sie müssen im Mittelpunkt stehen, wollen auf Augenhöhe von den Erwachsenen behandelt werden und sind in der Persönlichkeitsreifung im Vorschulalter stecken geblieben. Aus den Kätzchen wurden Tiger. Wir haben, ohne es vielleicht zu wollen, Tyrannen groß gezogen.

Tja mein Freund, von nichts kommt nichts. Wenn dein Kind dich zunehmend tyrannisiert, dann bist du wohl drauf reingefallen. So wie David auf Absalom. Dir gefielen die Löckchen, die Röckchen und die netten kleinen Äugelein so sehr, dass du vergessen hast, es zu erziehen. Aber unsere Kinder sind keine Püppchen, sondern uns anvertraute Menschen, die wir durch gute Formung zur Lebens –und Persönlichkeitsreife führen sollen. Ansonsten werden sie zu wahr, um schön zu sein.

...dann sind wir erpressbar geworden

Da sprach er zu seinen Knechten: Sehet, das Ackerstück Joabs ist an meiner Seite, und er hat daselbst Gerste; gehet hin und zündet es mit Feuer an! Und die Knechte Absaloms zündeten das Ackerstück mit Feuer an.

2.Sam 14:30

Absalom war ein Erpresser. Er setzte den General des Königs so sehr unter Druck, dass dieser machte, was der Königssohn wollte. Er legte Feuer an die Felder seines Gönners. Schließlich war es Joab gewesen, der Absalom von Gesur nach Jerusalem zurückgeholt hatte. Aber Absalom wollte mehr. Er wollte an die Macht. Und auf diesem Weg war Joab nur ein Mittel zum Zweck. Genauso wie sein Vater David. Absalom erpresste sie alle.

Wenn unsere Kinder zu Tyrannen werden, dann sind wir erpressbar geworden. Anstatt ihnen vernünftige Grenzen zu setzen, sind wir ihnen zu Willen gewesen. Sie haben bekommen, was sie wollten. Aber nicht nur das, sie haben auch schnell bekommen, was sie wollten. So haben sie keine wirkliche Chance gehabt, Bedürfnisaufschub und Frustrationstoleranz zu entwickeln, und erlebten ihre Eltern als Erfüllungsgehilfen ihrer "Wünsche-Welt".

Welcher Erziehungsberechtigte kennt das nicht? Wenn Kevin die Süßigkeit nicht sofort bekommt, dann hat er uns nicht mehr lieb, sagt er. Wenn Chantal die Sendung vom Reiterhof nicht sehen darf, dann wirft sie sich auf den Boden und heult, was das Zeug hält. Wenn wir eine Sache nicht sofort erklären, dann löchert uns unser „Prinz" oder unsere „Prinzessin" so lange, bis wir es dann doch, zumindest zeitnah, tun.

Einer unserer ehemals drogenabhängigen Brüder berichtete mir von einem Junkie, der seine Mutter nötigte, ihn an den Hamburger Fischmarkt zu fahren, indem er ein Küchenmesser an ihren Hals setzte. Dort angekommen verließ er das Auto der wohlhabenden Frau mit einem spöttischen Lächeln und rief den anderen Junkies zu: „Schaut her, da sitzt die Hure, die mich geboren hat." Sie war in seiner Hand.

Wer seine Kinder liebt, erzieht sie. Wer seine Kinder hasst, verhätschelt sie. Jedes Kind ist ein ungeschliffener Rohdiamant, den Gott uns anvertraut. *Das Erste*, was ein Kind lernen muss, ist gehorsam zu sein. Es muss die Eltern als Autorität begreifen lernen und sie nicht etwa als Partner auf Augenhöhe zu betrachten. *Das Zweite*, was ein Kind lernen muss, ist zu warten, bis es dran kommt. Das Leben ist bekanntlich kein Wunschkonzert und schon gar keines auf Knopfdruck.

So gesehen war David erpressbar geworden. Er hatte den Mord Absaloms an Amnon niemals reguliert. Er war, wie viele Väter nicht präsent. Er hatte Absalom zwar richtigerweise Grenzen gesetzt, aber die hatte Joab dann auch gründlich verschoben. Die härtesten Männer wurden nachgiebig weich, als der Königssohn zu einem Tyrannen wurde. Um ein Haar hätte dies David das Königreich gekostet. Zu seinem Glück handelte sein General Joab dann unnachgiebig hart, als er den Tyrannen tötete (2. Sam. 18:14). Denn selbst dann noch wollte David Gnade walten lassen.

Wenn dein Kind dich tyrannisiert, dann bist du erpressbar geworden. Je früher du das korrigierst, desto besser ist es. In der Politik galt lange Zeit der Leitsatz, dass man mit Erpressern nicht verhandelt. Dasselbe gilt, meines Erachtens, für die Erziehung. Frustrationstoleranz und Bedürfnisaufschub sind keine Verhandlungsmasse in der Eltern–Kind-Beziehung. Sie sind Teil einer liebevoll aufbauenden Dynamik, die maßgeblich von den Eltern gesteuert wird. Auch dann, wenn diese Feuer an unsere Felder legen.

...dann werden wir ihre Opfer sein

Da sprach David zu allen seinen Knechten, die in Jerusalem

bei ihm waren: Machet euch auf und lasst uns fliehen; denn

sonst wird es kein Entrinnen für uns geben vor Absalom.

2.Sam 15:14

Lieber trat der König die Flucht an, als dass er den Schrecken Absaloms erduldete. Er fürchtete die Verschlagenheit, aber auch die Skrupellosigkeit des Tyrannen, der aus seinen Lenden hervorgegangen war. Er räumte das Feld vor einem, gegen den er sich nicht mehr, ohne Weiteres behaupten konnte. Absalom hatte Lobby *für* sich und *gegen* seinen Vater gemacht und hatte nun die „Hand am Drücker".

Wenn unsere Kinder zu Tyrannen werden, dann werden wir irgendwann ihre Opfer sein. Sie werden über uns hinauswachsen. Wir werden zunehmend älter und schwächer und sie entfalten, quasi gegenläufig, ihre körperlichen und seelischen Kräfte, ohne dass sie wüssten, wo ihre Grenzen sind. Wenn sie in jungen Jahren keinen Respekt vor den Eltern gelernt haben, dann werden sie dies schwerlich im späteren Leben nachholen.

Der Sozialpädagoge aus dem geistlichen Rüstzentrum erzählte mir von den Elternabenden der Drogenabhängigen. Es hätte sich ihm das immer gleiche Bild geboten: In der ersten Reihe am großen runden Tisch saßen für gewöhnlich die Mütter, die in Tränen zerflossen über dem Verhalten ihrer Söhne. In der zweiten Reihe, hinter ihnen, saßen grinsend die eigentlich Betroffenen, denen die Betroffenheit ihrer Mütter allerdings nur ein müdes Lächeln abrang.

Die Sache ist die: wenn Kinder nicht früh den Respekt vor einem anderen Menschen, die Einhaltung sozialer Regeln und die Achtung gemeinsamer Werte von den Eltern lernen, dann werden sie diese Lektionen im Kindergarten, in der Schule und im Beruf wahrscheinlich nicht mehr nachholen. Es kommt also maßgeblich auf eine gute Erziehung an, wenn wir Tyrannen verhindern wollen.

Als im März des Jahres 2023 zwei Mädchen im Alter von zwölf und dreizehn Jahren ihre Schulkollegin Luise mit über siebzig Stichen, die sie mit Nagelfeilen verübten, in einem Waldstück (über-)töteten, da überschritten die beiden Täterinnen leichter Dings eine Grenze, die ihnen nicht genau genug gezogen worden war. Der Wert des

Lebens und die Natur von Schmerzen muss ihnen unbekannt gewesen sein, als sie zustachen.

Kinder brauchen Grenzen. Wir tun ihnen keinen Gefallen, wenn wir ihnen keine ziehen. Ein Kind muss lernen, zu verstehen, wenn etwas zu weit geht. So wie es schon recht früh lernt, dass Fußball nur in den Grenzen eines Feldes gespielt wird. Wenn es nicht signalisiert bekommt, dass ein Verhalten zu weit geht, wird es mit demselben immer wieder anecken. Es ist also geradezu lieblos und gleichgültig, wenn wir Kindern keine Grenzen ziehen und sie tun lassen, was sie wollen.

Wenn David das beherzigt hätte, dann wäre er bei seinem Entschluss geblieben, Absalom nicht sehen zu wollen. Aber seine falsch verstandene Vaterliebe und eine deplatzierte Diplomatie seines Generals Joab machten ihn zum Opfer eines Tyrannen. Wir sollten daraus lernen: uns, *erstens,* nicht von den Zuckerseiten unserer Lieblinge blenden zu lassen, ihnen *zweitens* nicht nachzugeben, wenn sie uns emotional erpressen wollen und ihnen *drittens* früh im Leben Grenzen aufzuzeigen.

Ahitophel

Wenn wir nicht vergeben wollen

2. Sam 15-17

Meine Mutter musste manchen Streit zwischen mir und meinem Bruder schlichten. Sie ging dabei mit einer gewissen erzieherischen Härte vor. Sie ließ uns zunächst Zeit, uns zu versöhnen. Wenn wir dies nicht taten, sanktionierte sie uns. „Ihr geht nicht spielen, bevor ihr euch vertragen habt", pflegte sie, beispielsweise, zu sagen. Wir mussten uns die Hand geben, wenn wir uns vertragen hatten. Wenn wir dann doch noch das Haus verlassen durften, rief sie uns nach: „Und vertragt Euch, ihr seid Brüder!"

Manchmal wünschte ich mir solch erzieherische Härte unter den Kindern Gottes. Denn in der Gemeinde Gottes staut sich im Lauf der Jahre so mancher Ärger und Zorn über erfahrene Verletzung auf. Nicht selten verwandelt er sich später in Groll und Bitterkeit. Dies vergiftet nicht nur das Klima in der Gemeinde, sondern auch das Leben dessen, der nicht vergeben will. Denn Gott, der Vater, entlässt seine Kinder solange nicht aus dem Kerker des

Gnadenentzugs, bis sie bereit werden, zu vergeben und sich die Hand zu geben.

Ahitophel, dessen Name im Deutschen so viel wie „Bruder der Narrheit" bedeutet, ist ein warnendes Beispiel dafür, wohin mangelnde Vergebungsbereitschaft führen kann. Der hochbegabte Hofberater Davids war der Großvater Bathsebas. Wahrscheinlich deshalb schlug er sich beim Putsch Absaloms auf dessen Seite. Als er sah, dass er mit seinen Beratungen zu scheitern drohte, ging er nach Hause und erhängte sich. Er scheiterte an seiner eigenen Empfindlichkeit und Rachsucht. Wir lesen hiervon in den Kapiteln 15 - 17 des 2. Buches Samuel. An Ahitophel lernen wir, was uns blüht, wenn wir nicht vergeben wollen.

Wenn wir nicht vergeben wollen...

... dann sind wir schwer verletzt worden

... dann sind wir recht empfindlich

... dann schaufeln wir uns unser eignes Grab

…dann sind wir schwer verletzt worden

Ist das nicht Bathseba, die Tochter Eliams, die Frau Urijas,
des Hethiters? (2.Sam 11:3) Eliam, der Sohn Ahitophels, der
Giloniter. (2. Sam. 23:34)

Ahitophel war der Großvater Bathsebas. Somit war er
auch ein Verwandter Urijas. Ahitophel hatte also triftige
Gründe, sich gegen David zu wenden. Er wollte *den* Mann
tot sehen, der den Ehemann seiner Enkelin getötet hatte,
und er wollte *den* Mann bluten lassen, der sich
unrechtmäßig seiner Enkelin bemächtigt hatte. So wurde er
vom *Berater* des Königs zu dessen *Verräte*r. Und so kämpfte
er letztendlich auf der falschen Seite.

Wenn wir nicht vergeben wollen, dann sind wir zuvor
schwer verletzt worden. Jemand hat uns an einem Punkt
getroffen, wo es wehtat. Jemand hat uns bluten lassen, wo
wir eine verletzliche Stelle hatten. So redend meinen wir
nicht etwa eine Bagatelle, sondern ein Kapitalverbrechen,
denn nur die Schwerverletzten kämpfen um ihr Leben. Und
nur sie sind dazu bereit, das Leben des Verletzers dafür
auszulöschen.

Die Gemeinde ist nicht nur „der Himmel auf Erden". Die
Gemeinde ist auch Kriegsschauplatz derer, die für die

„gerechte Sache" kämpfen. Gewollt oder ungewollt passieren dort Verletzungen. Denn wo gehobelt wird, da fallen Späne. Die meisten der Verletzungen sind leichter, einige aber auch schwerer Natur. Denn es gibt in der Gemeinde kein Unrecht, was es nicht auch in der Welt gäbe. Denn wo Menschen sind, da „menschelt's".

Wir saßen relativ ratlos mit drei jüngeren Brüdern zwischen zwei älteren. Sie redeten nicht mehr miteinander. Beide hatten ihre Verdienste in der Arbeit für den Herrn. Der eine war klein, witzig und schlagfertig. Der andere war schlank, hatte einen geschliffenen Stil und war eher nachdenklich. Sie waren nicht mehr fähig miteinander zu reden, geschweige denn miteinander zu beten. Das mussten *wir* dann für sie tun. Letztendlich hat der eine freiwillig die Gemeinde *verlassen* und dem anderen somit das Feld *überlassen*.

Im Buch des Propheten Sacharja kommt es zu einem denkwürdigen Dialog. Der Prophet wird von Gott angewiesen, wie er antworten soll, wenn man ihn nach den Verletzungen an seinem Körper fragt: "Und wenn jemand zu ihm spricht: Was sind das für Wunden in deinen Händen? So wird er sagen: Es sind die Wunden, womit ich geschlagen worden bin im Hause derer, die mich lieben"

(Sach 13:6). Wir begreifen, dass also auch im Hause Gottes Verletzungen geschehen.

Der Galaterbrief legt an manchen Stellen den Gedanken nahe, dass eine Gemeinde eher ein „Kampfhund-Käfig" als eine Arche ist. „Wenn ihr aber einander beißet und fresset, so sehet zu, dass ihr nicht voneinander verzehrt werdet", mahnt Paulus in Gal 5:15. Je (vermeintlich) bibeltreuer eine Gemeinde ist, desto höher ist das Risiko, in ihr verletzt zu werden. Denn die Regeln sind hier hart und der Umgang ist rustikal.

"Leben und leben lassen", heißt da das Motto des Tages. Wir sollten aufpassen, dass wir niemanden fahrlässig verletzen, so wie David es tat. Wir sollten aber auch darauf achten, dass wir nicht unbedacht verletzt werden, so wie es Ahitophel widerfuhr. Am Ende ist es aber nicht das erfahrene Unrecht, welches uns schadet, sondern vielmehr die Art und Weise, wie wir auf dasselbe reagieren. Deswegen sei großzügig und halte Abstand!

...dann sind wir recht empfindlich

*Der Rat Ahitophels aber, den er in jenen Tagen riet, war, wie
wenn man das Wort Gottes befragte; also war jeder Rat
Ahitophels, sowohl für David als auch für Absalom.*

2. Sam 16:23

Ahitophel war ein hochbegabter Ratgeber. Sein Rat war
göttlich und gut. Er spielte in einer Liga, die anderen
unzugänglich war. Er war ein Mann, der den Unterschied
machte. Das wusste Absalom genauso gut wie David. Der
weise alte Mann war offen für die Eingebungen Gottes. Der
Berater der Könige hatte das Leben und die Schriften
studiert. Er war mit Gold nicht zu bezahlen. Er war
empfindsam, verletzlich und stolz.

Wenn wir nicht vergeben wollen, dann sind wir hoch
empfindlich. Die „Dickhäuter" unter den Menschen
schmerzen die Nadelstiche des Lebens für gewöhnlich
nicht. Wohl aber den dünnhäutigen Denker mit dem
filigranen Gespür für das Richtige. Es sind nicht selten
akademisch gebildete, schlanke Typen mit einem Hang
zum sozialen Rückzug, die sich entschließen, ein Unrecht,
das ihnen widerfahren ist, nicht ungerächt zu lassen.

Es gibt also Menschen, die besonders verletzlich sind. Wie zuvor beschrieben, haben sie ein bestimmtes Profil. Und sie haben einen bestimmten Werdegang. Es sind Geschwister, die eigentlich nicht gerne streiten. Sie sind konfliktscheu und von Natur aus Beobachter und Denker. Sie würden niemals „Aua!" sagen, wenn du ihnen auf die Füße trittst. Und gerade diese höfliche Zurückhaltung macht sie so gefährlich.

Die Schwester, die ich meine, redete seit geraumer Zeit nicht mehr mit mir. Sie schaute weg, wenn wir uns begegneten. Sie hatte einen Hang zur Depression. Als ich sie auf ihr verändertes Verhalten ansprach, sagte sie, es sei alles in Ordnung. Später erfuhr ich über dritte, dass sie es mir nicht verzeihen konnte, dass ich sie an einem bestimmten Sonntagmorgen nicht gegrüßt hatte, als sie mir die Hand geben wollte und mich angesprochen hatte.

Der Kolosserbrief ermahnt uns zur Vergebungsbereitschaft. "Ziehet nun an, als Auserwählte Gottes, als Heilige und Geliebte: herzliches Erbarmen, Güte, Demut, Milde, Langmut, einander ertragend und euch gegenseitig vergebend, wenn einer Klage hat wider den anderen; wie auch der Christus euch vergeben hat, also auch ihr (Kol 3:12-13). "Wie Christus mir, so ich dir" sollte also unsere Devise sein, wenn wir verletzt werden.

An dieser Stelle ein guter Rat für hochbegabte Leute: „Habe acht auf dich selbst!" Das Volk Gottes geht nicht gerade zimperlich mit seinen Kreativkräften um. Die breite Masse trampelt gerne auf dem englischen Rasen deiner Denkwelt herum. Deswegen solltest du einen gewissen Abstand zur „Stampede der Dummheit" halten. Gerade dann, wenn du vielleicht musikalisch, kreativ und feinsinnig bist. Ansonsten kommst du schnell unter die Räder.

Vielleicht bist du so einer wie Ahitophel. Ein exzellenter Ratgeber, ein lebensweiser Mensch und vom Herrn reichlich begabt. Wenn dem so ist, dann passe gut auf dich auf! Mische dich unter die Leute, aber achte darauf, dass du von ihnen nicht angerempelt wirst. Denn die „Büffel Gottes" trampeln gerne auf den Nerven seiner Denker. Und das kann einem so auf die Nerven gehen, dass man manchmal dieselben verliert.

...dann schaufeln wir uns unser eignes Grab

"Als aber Ahitophel sah, dass sein Rat nicht ausgeführt
worden war, sattelte er den Esel und machte sich auf und zog
nach seinem Hause, nach seiner Stadt; und er bestellte sein Haus
und erdrosselte sich; und er starb und wurde begraben im
Begräbnis seines Vaters."

2.Sam 17:23

Ahitophel wurde zum Selbstmörder. Als er begriff, dass er David nicht töten konnte, brachte er sich selbst um. Er ging dabei, wie viele andere Selbstmörder vor und nach ihm auch, akribisch genau und gut organisiert vor. Nach verlorener Schlacht kehrte er von Jerusalem nach Gilon, in den Norden des Reiches zurück, ordnete seine Dinge und beging, gleichwie Judas ungefähr tausend Jahre später, einen „harten Suizid", indem er sich erhängte.

Wenn wir nicht vergeben wollen, dann schaufeln wir uns unser eigenes Grab. Das ist die Tragik all derer, die beschlossen haben, nicht Gott die Rache zu überlassen, sondern sie lieber selbst auszuüben. Anstatt den Verletzer zu konfrontieren, ziehen sie sich zurück, sagen nichts und warten geduldig auf den Moment, wo sie den Gegner morden können. Doch diese Strategie wird ihnen zu einem Boomerang, der sie selbst tötet.

Nicht jede Sünde im geistlichen Leben führt zum Tod. Die meisten lassen sich eher leicht erkennen und beheben. Aber der Unwille zu vergeben ist von einer anderen Natur. Er wird uns Kopf und Kragen kosten. Er gleicht einer Sepsis, die nach und nach uns selbst und unser Umfeld vergiftet. Denn der abgrundtiefe Hass, der sich im Laufe der Zeit aufgebaut hat, ist Nährboden für jede missgünstige und bösartige Verhaltens- und Denkweise.

Er war Lehrer. Er war hochintelligent. Er verfügte über ein enormes Wissen. Trotzdem er gut aussah und auch gut situiert war, lebte er immer noch ledig. Er war der Bibliothekar der Gemeinde. Als die Ältesten ihn zu etwas mehr "Mannschaftsspiel" aufforderten, wendete sich bald das Blatt. Er opponierte gegen ihre Vorgaben und bezeichnete sie irgendwann als "Wölfe im Schafspelz". Er ging zu weit.

Der Herr selbst warnt uns in der Bergpredigt davor, anderen Menschen nicht vergeben zu wollen. Er sagt: "… wenn ihr aber den Menschen ihre Vergehungen nicht vergebet, so wird euer Vater auch eure Vergehungen nicht vergeben" (Mt 6:14-15). Gott handelt also aus erzieherischen Gründen an uns so, wie wir an unseren Mitmenschen handeln. Es ist eine der wenigen Situationen, in denen er nicht bereit ist, uns zu vergeben.

Manche Menschen befinden sich in einem Kerker der Bitterkeit. Sie wollten Menschen nicht vergeben und nun vergibt Gott ihnen nicht. Kein Licht der Gnade dringt in das feuchte, faulige Schattendasein des Verbitterten. Ihr Urteil über andere ist schneidend, ihr Gesicht grau und besorgt, sie leiden unter Blutarmut, Migräne oder Magenbeschwerden. Sie sind abgeschnitten von Gott und Menschen. So lange, bis sie wieder bereit werden, zu vergeben.

Vielleicht ergeht es dir wie Ahitophel. Vielleicht wirst du mit einer erfahrenen Verletzung nicht fertig. Vielleicht leidest du wie ein Hund. Wahrscheinlich wirst du dich nicht gerade aufhängen. Aber du bringst dich um dein geistliches Leben, wenn du nicht vergibst. Um deinetwillen, und um Gottes willen, solltest du den "Verletzer deines Lebens" besser laufen lassen. Ansonsten kommt kein Licht in den Kerker deiner Gefangenschaft.

Nachwort

Und du gabst mir den Schild deines Heils, und deine

Herablassung machte mich groß.

2.Sam 22:36

Wenn Gott einen Menschen fördert, dann schenkt er ihm Menschen. Solche, die ihn fördern und solche, die ihn fordern. Jeder Mitmensch war somit für David entweder eine Herausforderung, oder aber eine Hilfe. Sieben von ihnen haben wir in den vorangegangenen Kapiteln kennengelernt. Viele andere hingegen nicht. Wie eingangs erwähnt, erfolgte die Auswahl dieser Lebensbilder einigermaßen willkürlich.

Nicht erwähnt wurde, beispielsweise, Abigail, diejenige Frau, die David vor Blutschuld bewahrte. Auch nicht erwähnt wurde Joab, derjenige General, der David so manchen Sieg einfuhr. Auch nicht erwähnt wird Samuel, der geistliche Mentor des Königs. Es fehlen auch Barsilai, Husai und Zadok. Männer, die David überaus nützlich und hilfreich waren. Tragische Figuren wie Michal, Doeg und Simei wurden auch ausgelassen. Vielleicht finden sie Erwähnung in weiteren Ausführungen.

Der König Israels und seine Mitmenschen nehmen zu viel Raum in den Heiligen Schriften ein, als dass man sie vollumfänglich ausleuchten könnte. Die Bücher Samuel, die der Könige und auch die der Chroniken widmen sich dem Leben des dichtenden und singenden "Schlachtenkönigs" Israels. Die Bücher der Psalmen sind voll seiner Dichtungen und Gebete. Mit David und seinen Liedern lernen auch heute noch viele von uns beten und singen.

Als der König alt wurde, schenkte Gott ihm Menschen, die auf ihn Acht hatten. Abisai, zum Beispiel, rettete David davor, von einem Philister erschlagen zu werden. Die Helden um ihn herum verboten dem König, fortan weiterhin mit ihnen in die Schlacht zu ziehen. Als er noch älter war, kümmerte sich Abischag, die Sunamitin um ihn, als ihm permanent zu kalt war. Der Herr sorgte für seinen Diener, indem er ihm Menschen schenkte.

Der König selbst hingegen verlegte sich auf das, was er am liebsten machte: Er dichtete und sang. In doppelter Ausführung ist uns das Vermächtnis des alten Herrschers überliefert. In 2. Sam. 22:1-51 sind uns die letzten Worte dieses großen Mannes Gottes erhalten. Eine "Sicherungskopie" davon befindet sich in Psalm 18. Es schien Gott also wichtig, die wahren Worte eines dessen aufzubewahren, der ein ausgesprochener Günstling seiner Gnade gewesen ist. Ihn wollen wir zum Abschluss selbst zu Wort kommen lassen. Denn nur so begreifen wir, dass Gott einem König Menschen schenkt, wenn er ihm gnädig sein will:

"Gegen den Gütigen erzeigst du dich gütig, gegen den vollkommenen Mann erzeigst du dich vollkommen; gegen den Reinen erzeigst du dich rein, und gegen den Verkehrten erzeigst du dich entgegenstreitend. Denn du, du wirst retten das elende Volk, und die hohen Augen wirst du erniedrigen. Denn du, du machst meine Leuchte scheinen; der Herr, mein Gott, erhellt meine Finsternis. Denn mit dir werde ich gegen eine Schar anrennen, und mit meinem Gott werde ich eine Mauer überspringen. Gott, sein Weg ist vollkommen; des Herrn Wort ist geläutert; ein Schild ist er allen, die auf ihn trauen. Denn wer ist Gott, außer dem Herrn? Und wer ein Fels, als nur unser Gott? Der Gott, der mich mit Kraft umgürtet und vollkommen macht meinen Weg; der meine Füße denen der Hindinnen gleich macht, und mich hinstellt auf meine Höhen; der meine Hände den Streit lehrt, und meine Arme spannen den ehernen Bogen! Und du gabst mir den Schild deines Heils, und deine Rechte stützte mich, und deine Herablassung machte mich groß."

Psalm 18: 25-35